Ligerezas

Ensayos con rima de mi alma loca.

Escrito por: Addis González Quintana.
Addis Gonzalez Quintana ©2010
DEP63403938730160500

*Ojos de Mar Bravía,
Dejen que me ahogue en la
profundidad
De vuestro silencio,
Labios de musa tentadora,
Dejen que muera en pecado.*

Y es aquí cuando comienzo a escribir, desnudo mi cuerpo, mi alma y la palabra porque es ahora el momento en el que os dejo que mis pensamientos afloren con voz temerosa, se deslicen sin orden hasta el papel, y se plasmen en estas líneas
en ocasiones esquivas de la realidad de este mundo Y es al estar plasmadas cuando se transforman en parte desprendida de mi alma loca; arrebatadas cada una de mi transitoria vida...

Quién soy y quien seré, todo cuanto mi piel no deja ver está aquí.
Humilde os revelo lo que con ligereza quien soy y seré.

Comenzaran leyendo líneas escuetas, sin técnica alguna, oscuras me dicen unos y otros que son el reflejo de mi pasión. Y por ser el reflejo de mi pasión es el

de mi propia vida, así
de grande e impulsiva y hoy
con humilde sacrificio me atrevo a
dejar un ápice de cómo es sufrir
una alegría.

Tal como la vida misma que suele
estar llena de amargura y
esporádicos respiros de felicidad
igualmente serán mis retorcidas
palabras. Siempre enamorada del
amor imposible, disfrutando de
cada lágrima derramada, sintiendo
los surcos que estas dejan
cuando se deslizan por el
rostro, apreciando las huellas que
dejan en mi humanidad.

Y no es que únicamente hable
del dolor, mas es verdad que de
todo cuanto hiere logro esa
palabra preciada, que rima
perfectamente con los sabores
exquisitos y embriagadores que
hacen de la bilis derramada
manjar de ninfas, que se
deleitan sin tregua entre la
palabra olvidada que ya no sabias

en que usarla, simplemente palabras envueltas en lágrimas, en ira aguda y punzante o palabras que vienen de la melancolía del amor sincero que por cruda esta vida sólo ha llegado a ser pasión de tintero.

Pero ya no quiero ahondar más en lo que luego ya está escrito, ahora es cuando os dejo posando vuestros ojos, en la humilde escritura. No esperéis mucho de mis líneas desnudas, No esperéis más de lo que os puede dar una simple mujer apasionada por el sentimiento humano.

Introito

Tengo el poder de crear mundos,
Tengo en mis manos
La salvación de lo malo.
Hago hogares sobre los mares,
Hago mares en todas partes.
Soy libre en un mundo extenso,
Soy vida en lecho de muerte;
Veo espejos sin reflejos
Y de los reflejos tomo lo sincero.
Tanto he creado
Que ya mis manos se han gastado,
Ahora, sólo
Me queda vivir por un descanso.
Respiro triste de no saber
Si algo hice,
Si algo falto por hacer.
Tengo el poder

De crear mundos,
Fantasías reales
Hechas de tinta.
Soy la esperanza a la soledad,
Soy la soledad de una esperanza.
Tengo el poder de ser
Quien quiero,
Sólo que lucho por ver
Quién soy;
Me siento distante
Al mundo,
Me siento lejos
De lo que veo;
Todo ocurre
Y yo
Desde aquí observo.
Creo verdad de la mentira,
Simples, semejantes a la vida.
Y por más obras
Que he narrado,
Únicamente una es verdad,
Únicamente una es mentira,
Ese es el enigma,
Descubrirlo
Es mi consigna.
Soy más que magia,

No soy falsa;
En mi hay mil,
En mi tú ves de ti.
Lucho
Para no pelear
Me tranquilizo
Por la paz.
Siempre repetiré algunas palabras,
Pues,
Esas vienen del alma.
Extensos temas
Voy a orar
Y pocos me van
A escuchar,
Gracias a los sordos oídos
Que para mí se han rendido,
Gracias a los que crean estos
hechizos.
Hablo con un lápiz voy con mi
tintero;
He viajado
Por planetas que únicamente yo
He podido palpar.
Me va a creer
El que sea él,
El que no le tema a poder tener.

Juegan a perder y huyen al ganar,
Mientras yo realizo mundos
De una verdad.
Temiendo
A la soledad de la compañía,
Aturdiéndome por el ruido de la calle
Cierro mis ojos para abrir mi mente
Y dejarme llevar por sueños de realidad.
Y gracias a los sordos oídos
Que para mí se han rendido,
Gracias a los que crean
Estos pocos y tontos hechizos.

Valencia, Venezuela 1993.

*Desde el pequeño mundo de una
niña adulta.*

              Ligerezas:

Ligero sentir,
Que pesar es para mí.
Y el que no permita
Que el pasado pase
Por mi rostro,
No significa
Que no traiga
El corazón roto
Y quiero vida
En ligereza,
Sin ocultar la
Tormenta;
Porque de esas

Gotas
No descanso.
Es que acaso
Tanta
Lluvia,
Es tanta
La inmensidad
De la lluvia,
Que aunque,
Ya son sólo
Unas pocas
y escasas,
De estas
Menudas gotas
No me canso
De sentir su amargura.
Y estas
Las que me dejan
El alma rota,
Duelen silentes a
Un grito de ayuda.
Tratando
De recordar
La alegría
No me quedan
Muchas

Sonrisas.
Y es cuando
La lluvia cesa,
Y es cuando
Se aplaca
La tristeza
Que me queda
En la mente clara
Tu sonrisa
Y tu mirada;
Pero como
No descanso de sentir
La infinidad de esta lluvia
Me hace sufrir,
Y me duele el recordar
Que ya no te tengo
Entre mis brazos
Con tus besos
Susurrando.
Ligero sentir
El que precede
Mi existir;
Ligero encanto
Que de magia
Me embriaga
El sentir.

Y aquí estoy,
Otra vez entre líneas,
Debatiendo mi felicidad,
Dejándome
Llevar,
Soñándome
Por segundos,
Respirando
Viejas fotos,
Extrañando
Un mundo,
Mi mundo.
Siempre
Entre melancólicos
Cantos,
Siempre
Añorando,
Esa soy yo,
La que suspira al mar,
La que llora entre sonrisas.
Sencillamente yo,
Tratando
De ser, evitando
Sufrir,
Luchando
Contra el universo,

Dispuesta a todo,
Por no dejar de extrañar,
Para que no
Me dejen de extrañar.
Sabía que sería
Tan difícil dejarlo todo;
Pero no me imaginaba
Cuán difícil
Seria
Comenzar una
Nueva vida.

Dedicado con especial cariño para
Alejandro; las almas nobles siempre son fugaces viajeros que rozan nuestras vidas y nos impregnan de todo lo bueno que se escapa a la vista; pero, pero...

*Cuando su viaje prosigue nos
deja un inmenso vacío que duele
hasta respirar y aunque pasen
años, tras años se mantienen vivos
en lo profundo del corazón.*

(1997) Valencia, Venezuela.

Miradas

Veo de tus ojos cadenas abiertas,
Tus labios me muestran vida
En un segundo,
Soñando de ti, mi silencio
despejado
Consigo nubes, huracán y tormenta.

Y si pudieses ver tras mis ojos
Mil palabras
Me ahorrarías
Y con éste silencio
Te hablaría.

De tus ojos
Yo tomaría
La tristeza como mía.

De mis ojos
Tú tendrías la esperanza de un
día.

Quizás si pudieses ver
encontrarías
La verdad cruel
Y aunque no lo quieras ver,
Las cosas no son como crees,
Tras mis ojos
Mil sentimientos verías
Una encrucijada de sensaciones
Mentiría
La excusa de esta lucha.

De tus ojos
Solo explicaciones
Quiero saber.

Y sí tus manos me alcanzan
Y sí las caricias se escapan;
La sinceridad se aclara,

El cotidiano problema
Se marcha.

De mi encuentras
Confusión
Y es que mi,
Tú no puedes
Obtener solución;
Pues en ti
Existe la lógica de ser,
Reflejo que esperas en mí ver.
Te pido
La vida por días,
Tus ojos
La exigen infinita,
Es que de tus ojos
Esa pasión al amor yo adoro,
Y es que de mis ojos,
De mis pobres ojos
Solo tristezas
Podrás ver.

Valencia, Venezuela 1995. Así es el amor siempre incomprendido, siempre sufrido.

Julieta Sin Romeo

Me libero del cuerpo mortal,
Y mis ojos se aferran a la orilla,
Una búsqueda desesperada
Del pasado,
Lágrimas fugitiva
Que huyen de la agonía.
En la distancia la mañana
Despierta en vida,
En la distancia
El recuerdo de la despedida.
Una de mil tentaciones,

Una de mis tantas
Perdiciones,
Esa que pierde mi cabeza en el
mar.
Ojos de mar intenso
Inunda mis sabanas de bruma
espesa,
Ojos de mar bravía
Desata la tormenta
Entre tu vida y la mía.
Julieta vida en muerte,
Julieta que lucha en la soledad
Por quererme,
Y yo cual cobarde
Arrebato en segundo
Sucinto de este amor,
Yo me pierdo de este dolor,
Julieta
Que ya tienes quien te quiera,
Amada indulgente que por
Mí tu vida es plena,
Penitente esperas a tu condena,
Trágica leyenda,
A la muerte nos llevan,
Y no porque Romeo sea,
Solo por ser la amante de Julieta,

Pobre chica que se niega,
Pobre que de silencio
Lleva la pérdida,
Y entre tu cielo y mis labios
La perdición está en tu silueta,
Sin ropa en la noche,
La pasión es plena.
Julieta sin Romeo,
Confinada al silencio,
Y gritarías
Mi amor eterno,

Y llorarías
Si te dejo.
Julieta
Que luchas por un deseo,
Un vestido, el festejo,
El regocijo
De cuanto nos queremos.

La ilusión del día perfecto.

Cuantas no nos hemos callado y hemos intentado ser lo que la sociedad quiere, ocultas entre la oscuridad de las sombras que dejan nuestras mentes hipócritas. En ocasiones me pregunto quién es peor, yo la lesbiana que me considero diferente y procuro apartarme de todos, reprimo lo que siento. O quizás el extraño que pasa y se queda con su mirada lasciva posada sobre mí, cuando de mis labios se escapa un beso ingenuo a mi adorada compañera.

Y hoy casi seis años después comprendo que no pertenezco a gremio alguno que soy mujer como todas, que sufro igual y que el de las miradas es un simple curioso que en
mi vida no va a entrar.

Málaga. España 2003.

Enamorando a Safo

Dame de tus lágrimas la claridad para ver,
Inunda la distancia con el retumbar de tu ser,
Y por un segundo me uno a tu susurro,
Solo un segundo para que seas parte
De mi mundo.

Olvida tus penas, deja las condenas,
Se parte de mi vida,
Y en tus lágrimas deja que me pierda,
En tus lágrimas mi alma se hace presa.
Maldita soledad, que atormentas,
Desdicha de tu vida que mi alma
No es mía.
Infinidad de este mundo
En tu piel soñé futuro,
Yo sin conocer tus ojos,
Yo sin tener tu voz en mi corazón;
Pero tú,
Tú la voz distante te adueñas
De mí pensar,
Te apoderas de todo lo que sea
Mi razonar,
Y quiero ser parte de tu maldición
Quiero en un segundo
Decirte amor.

Málaga España 2005.

Después del Amor y La Lujuria

Oscuridad que me retine en cautiverio,
tu mi presa predilecta
Objeto de mis fantasías más perversas.
Tu lujuria reprimida;
Obra de la noche liberada,
Obra de la noche de fieras.

Y por mis instintos
Me dejo llevar poco a poco,
hasta llegar
a la locura absurda.
Y por mis instintos
Me dejo dominar.
Ojos míos que no dejan
de amar tu cuerpo,
Ojos tuyos que me inundan
de deseo.
Y por mis instintos
Me dejo llevar poco a poco
hasta llegar
a la locura apasionada.
Y por mis instintos
Me dejo dominar.
Obliga a mis manos a no tocar
tu senos desnudos
Obsesionada de las caricias,
tuyo quiero que hagas mi cuerpo.
Obscuridad que enamoras mi alma
continuamente perdida de este
mundo
Permite que me pierda en el mar
de tus piernas,
que navegue en tus labios.

Y que por un beso robado
de Este mundo me pierda,
Rompiendo todas las cadenas
que a mi cuerpo censuraban.

En la Linea de la Concepción. 2010

Veneno

En una copa lo serví,
Al degustar me rendí
Taciturna en dulce delirio,
Clandestina,
Sencilla por olvidos;
No busco más
Que la muerte propia,
No la del cuerpo,

Sino la del sentimiento.
Y me rendí bajo tus dominios,
Cuando por mis venas
Viaje
Este idilio;
Este que del aroma a rosas,
Impregno mi cama,
Este que de lunas,
Cubrió la pasión dolosa.
En este copa rota lo serví,
De este,
Veneno que embriaga,
A morir me conferí,
Y es porque
Conocí un cielo loco,
Es porque
Descubrí en ti un todo;
Y no me arrepiento
De haber muerto,
Ya que al vacío me lanzo,
No por haberme negado
Un abrazo,
Mucho menos
Por un querer de ratos.
Es nada más la confusión,
Cotidiana sensación,

Que ha sosegado
Lo que fue tu querer;
Pero no por nada
Soy suicida,
Más por ti morí en vida.
Y de terquedad
He hecho un mártir,
Para que no se escapara
Tu sentir,
Y si amar es mi veneno,
Qué más da si dichosa muero.

*Siempre me he considerado una
persona pasional, enamorada del
amor, adicta a la pasión absurda
y me desvivo por besos en la
noche oculta.*

Valencia, Venezuela 1998.

Para Ella

I

Que tibios han sido mis labios,
Callados,
Callados hasta el olvido;
Deseados,

Deseados por un idilio.
Que tristes han sido,
Tristes con mañanas fugaces,
Tristes con sonrisas efímeras
Marcados de tragedia,
Maquillados entre sombras,
Torturados por mis lágrimas
Y ahora
Ahora han de cambiar.
Y el tiempo lo dirá.
De tus labios que me amaran,
De tu sonrisa que me darás
¿Una vida eterna?, ¿una eternidad?
Y con segundos de ti me bastara
Para vivir,
Y con segundos de tus labios
Un beso será grato.
Las madrugadas pasadas,
Aquellas que de mi vida fueron
Amargas,
Aquellas que en acervos
Se han convertido en lejano
recuerdo,
Distante a mi pensamiento.
Ahora te doy mis mañanas,
Ahora te doy mis madrugadas,

Y harás una sinfonía con mi risa,
Harás poesía con mi mirada.
Y me amaras con locura,
Desearas mis labios,
Labios que se vestirán para ti,
Labios que susurraran
Una y otra vez sin cesar te amo,
Tan solo eso y nada más.

II

Pobre amor, que escondido te
llevo,
Que alejado
De las miradas curiosas te tengo.
Si te dejo ver por instantes,
Cuando la mirada me traiciona,

Cuando mis manos ya no se
reprimen;
Quizás es entonces
Cuando el mundo gira.
Me dejas sin aliento pobre amor,
Con una palabra me dejas muda.
Y quisiera perderme
En el azul de tus ojos
Y quisiera dejar de callar.
Pobre amor,
Cuanto te hago sufrir,
Me olvido de todo,
Sólo existes tú,
Únicamente tus ojos,
Sencillamente me convierto
En parte de tu mirada.
Cuan preciosa es mi amada,
Perfecta de sencillez,
Perfecta por naturaleza.
Que callada te tengo,
Te escondo
De los prejuicios,
De las risas,
De las palabras amargas.
Esas que no miden sentimientos,
Esas que no ven cuanto te quiero,

Cuanto nos queremos.
En secreto te deseo,
En secreto te sueño.
Pobre amor,
Te disfrazo con excusas,
Te miento,
Aunque te ame con locura.
Aunque en tu cintura
Pierda la cordura,
Y reprimo mis gritos,
Y reprimo todo mis instintos.
Simplemente me callo.
Callo ante el miedo
Que te lastimen,
Callo
Impotente
De no poder
Tenerte.
Y sí mis manos se escapan
 Con las tuyas, no las detengo,
Las dejo para ser feliz,
Las dejo para poder vivir;
Es en ese instante cuando
Soy feliz,
En ese instante cuando
Tu estas junto a mí,

Cuando el mundo
Deja de girar para nosotras,
Cuando las miradas
Ya no nos importan.
Tú mi sueño,
Tú mi mentira,
Tú mi pobre amor,
Dolosa, clandestina,
Que lejana te mantengo,
Sufriendo por tus suspiros,
Cuantas lágrimas
No has callado,
Cuantos besos
Nos hemos negado,
Cuantas cosas reprimidas.
Maldito prúsico moral,
Palabras de tabú,
Miradas de censura,
En nuestros corazones
Triste amargura,
Y en nuestras
Manos tortuoso dolor.
Sólo quiero tus besos,
Esos que me hechizan,
Quiero despertar
De este sueño,

Quiero que seas
Realidad
Ya no quiero que seas
Simple ilusión.
Gritar a los cuatro
Vientos que en ti vivo,
Que por ti me muero,
Que eres mi perpetuo
Pensamiento;
Tan sólo eso,
Tan sólo
Que te quiero.

III

En la oscuridad
De una mañana triste,
En el recuerdo
De mis tantas mentiras,
En silencio de tus labios,

En ese sitio secreto
Te tengo,
Tú sueño de mis ojos,
Tú ruego de mis labios;
Cuantas líneas
Tendré que escribir para
Hacerte realidad.
Deseo el dulce sabor de tus besos,
Y que me recorras con tus
caricias,
Sin que nada importe,
Sin miradas foráneas,
Deseo tus besos
Para mí,
Un sin cesar de ti.
Y en tu regazo disfrutar
De la vida.
Abrazarte
Hasta la muerte,
Abrazarte
 Por siempre.
Deja que tus dedos me amen.
En la oscuridad de
Una mañana triste,
Con tus senos
Cerca de los míos,

Con tu piel desnuda
Entre mis manos,
Y viajaré por tu cintura,
Hasta perder la cordura;
Hasta que salga
La nueva luna.
Me olvidaré de todo,
Y solo estás tú,
Tan sólo tú,
Única,
Especial.
Deséame como
Yo a ti,
Y dame todas tus miradas,
Bésame sin parar,
Olvídate del qué dirán.
Pasión de mi ser;
En tus senos me pierdo,
En tus labios vida tengo,
Hechízame con un te quiero.
Conjura la luna
Conjura las estrellas,
Bésame sin restricciones.
Y seamos felices
En la oscuridad
De la mañana,

Entre sabanas de seda,
Con tu piel y la mía,
Con el descaro
De una caricia.
Tan sólo,
Deséame,
Tan sólo quiéreme,
Tan sólo eso.
Un beso eterno.
Tan sólo
Un te quiero.

IV

Quiéreme
Con la locura de un sabio,
Quiéreme
Con la perpetuidad de un manzano,

Quiéreme
Entre las sombras de tus sueños,
Entre susurro del viento.
Apasionada
Entre líneas de censura,
Apasionada
Por tu mirada de ternura;
Dichosa soy por tus labios,
Me deleitas, me hechizas.
Corazón amargo,
Que de tristezas
Nos marcan.
Corazón amargo,
Que en ti muero.
Taciturna danza
Que en silencio bailas,
Vida que me das,
Vida que de ti vivo.
No dejes que los tabúes te hagan llorar
Lágrimas de cristal, frágiles, transparentes,
Llenas de verdad.
Quiéreme con tu vida
Que yo te doy la mía.
Quiéreme con la estupidez

De quien quiere,
Atorméntame
Con tus batallas,
Pelea por sinrazones,
Pelea por días peores.
Y si del murmullo te
Cansas grita por mi amor,
Grita que
 Yo el silencio
Romperé,
Y con estruendo
Sacudiré todo aquello
Que nos da miedo.
Ojos de cielo
Que me hacen volar,
Deja que te ame sin cesar,
Ojos de mar intenso,
Deja que navegue
En tus pensamientos.
Hechízame con un te quiero,
Embrújame con tus besos.
Que yo te daré
De mi todo lo que tengo,
Todo lo que soy.
Tú musa de mis letras,
Pasión de mi vida,

Deja
Que me pierda entre tus brazos.
Déjame sin cordura,
Por ti volare
Contra el suelo,
Por ti morir en vida
Es una dicha.
Quiéreme
Con tus labios,
Deséame
Con tus manos.
Vida que de ti muero,
Vida que en ti vivo
Alegría de mi ser,
Razón de mi estupidez
Quiéreme sin por qué;
Tan solo quiéreme
Una y otra vez.
Tan sólo eso,
Tan sólo
Quiéreme
Una y otra vez.

V

Embriaga mi ser
Con la esencia de tus sabanas,
Deleita mis sentidos
Con un suspiro en la almohada;

Brisa ignorada
Que acompañas mi pesar,
Sosegada tertulia
Comparte mi andar,
Vida dame que en ti muero,
Ojos de cielo
Lléname de tu silencio.
Ojos de mar, bravía, feroz,
Alza tus olas, ahoga mi pasado,
Olvida mis olvidos.
Vicio
Que me consumes,
Vicio que me matas,
El vicio
De tu mirada,
De tu mirada
Que me engaña,
Miente quien soy,
Disfraza
Tu sensación,
Embrújame
Con un beso,
Embriágame
Con tus cabellos
Y de las mañanas solitarias
Dame sólo recuerdos.

Tú sueño de mi vida,
Tú realidad de mis fantasías,
Dibuja en mi cintura
El descaro de tus manos,
Recorre mis brazos
Con los tuyos,
Y deja que te quiera.
Deja que mis besos
Vida en ti tengan,
Vida que en ti vivo,
Vida que por ti muero.
Tan sólo una noche,
Tan sólo una mañana,
Una vida entera,
Tan sólo eso te pido,
Tan sólo el sin cesar
De tus besos,
Tan sólo un recuerdo
De tus tantos "te quiero".

Málaga . España. 2003 2007.

A la chica de los ojos de mar (Ana), que inundo de sentimientos mi vida y ahora forma parte del ayer.
Y es parte del recuerdo más entrañable de mi existencia, y que hoy lo que más he querido en mi pasado.

Tiempo de Mis Alas

Tiempo que huyes al vuelo de la gaviota

Susurro incierto de mis alas
mojadas,
Monotonía que me ata,
Restricciones, negativas
Y yo soñando vivir una vida,
Cierro mis ojos,
Libero mi aliento
Tergiverso
Cada instante que de realidad
tengo.
Tristes pasos,
Lágrimas fracasadas
De todo me canso,
De todo me marcho
Y me desvanezco con el vuelo de
mis alas,
Libero el cuerpo que me traba,
En la orilla lo dejo,
Abandonado con la humanidad.
Tiempo que huyes veloz
 Al paso de mis ojos,
Tiempo que vida me has dado,
Parsimonia de cada día,
Soledad de mi antigua hipocresía
Desdicha que ronda mis líneas.
Fugitiva gaviota

Esa soy yo,
La que escapa de su cuerpo,
La que huye de los tormentos,
De las palabras que enmudecen.
Como negar le a la noche luna,
Como dejarla en la soledad oscura.
Abandona este aire que respiro,
Abandona el sentido que restringe.
Mis Pasos largos,
Mis alas mojadas,
Pesadas y cansadas,
Que de tu felicidad huyen;
De las tristezas,
De la esperanza...
Vuela conmigo,
Alza tus alas,
Cotidiana rutina
Que te desconsuela
Consecuente tortura
Martirio del moralismo.
Ficción que nos niega,
De todo eso huye.
Tiempo que me envuelves,
Tiempo que fortaleces
Lo falso de la existencia.
Muero entre caricias,

Muero por una sonrisa,
Muero
En el olvido de una flor marchita,
Muero
En la soledad de la despedida.
Como negar le a la noche luna,
Como dejarme a oscuras,
Como negar le a la rosa pasión
Simplemente
Robándome el corazón.
Y gritaría,
Gritaría que eres tú
El perpetuo pensamiento,
La vida que en tus ojos tengo.
Aún así
Te lloraría
En la agonía
De mi pasado,
En la nocturnidad
Que me oculta.
Discreción que el mundo
Me pide,
Y yo que cierro los ojos
Escapo cual cobarde.
Amargo corazón
Yo solo quiero que me ames,

Taciturna,
Y dolosa
Que por ti vivo entre prosas.

Málaga. España. 2007.

Tanto amo como odio. Intenso y visceral apasionada por lágrimas y caricias. Todo por el mismo amor, Todo por la misma persona.

Soñando

En la noche de mi pensar,
El sol brillo
Como un nunca jamás,
Las estrellas caían
Esparciéndose con mí andar.
Viajo
En un buque por
El cielo,
Teniendo
Extraños recuerdos
Veo las notas
De mi sinfonía favorita,
Escucho al
Viento cantar risueño,
Mientras las nubes bailan
En este sueño.
En las noches de mi pensar,
Tengo alas para no volar
Y vuelo
Sin ellas al
Escapar
De la verdad.
Soy una pesadilla diurna,
Que vive de lo bueno
Y malo,
Que sencillamente

El imaginarla
Trastoca lo humano.
 Y el rosa de las paredes
Se transparente
Sin razón
Y mis ojos
Vigilan sin control,
Para eliminar
El temor.
En la noche de mi pensar,
Veo
Hogares desde el mío.
Lo habito
Cómoda dentro
Del conformismo.
Y en un Saz
Repentino
Lo pequeño del cuarto
Se agranda
Como el infinito.
Voy por las
Cuatro paredes
Resguardándome
De los ruidos
Del vecino.
De las noches

De mi pensar ya no
Quiero despertar,
De las noches
Un suave murmullo
Cuida que mi buque no
Pare de navegar.

Málaga. España. 2004.

Tal y como cuento simplemente un sueño, extraño un día como tantos. Extraño como todo lo que pasa por delante de mis ojos negros. Y yo siempre egoísta quise hacer de los sueños míos, obras escritas, Y de las dolidas pesadillas rima manchada de tinta.

Gloria en tus ojos

En un instante soy la gloria que
abraza
Tus ojos,
Por un instante soy alma
En puertas de libertad,
Oculta de la multitud con disimulo
Mis lágrimas se callan
Y tú centro de mis miradas
Te escurres,
Me seduces,
Embrujas a la noche
Con el mar de tus ojos.
Del Privilegio de
Las ánimas en pena,
De la soledad
No quiero esquelas.
Suave, delicada,
Intocable, incrédula
Para mí simplemente
Perfecta.
Naturaleza
Que te acompaña,
Esa palabra
De silencio que me agria.
Cuanto me duele
El no gritar por ti,

Cuanto me duele
La impotencia,
Y el mundo allí de pie,
Observando cómo fallan
Las fuerzas,
Como decaigo en la lucha.
Háblame de tus sueños,
Háblame del aliento
Que pierdes en la madrugada,
Invade cada
Pensamiento de mi cerebro.
Olvida todo
Por un instante
Súmate a la lujuria
De un beso secreto,
Al ruego de tu cuerpo,
Y olvida que existo,
Olvida
Que por mi sufriste.
Sin hogar
Mis pasos errantes
Divagan constantes,
Errónea en mí silencio,
Imploro un recuerdo.
Sin pasado ni futuro,
Solo un presente

Que se pierde
Entre cúmulos,
Solo un presente
Que flaquea con el murmullo.
Me pierdo,
Desvanezco me hunde
Tu sufrimiento,
Maniatada sin poder
Hacer nada.
Te veo, y solo sé
Que por ti muero.
Sublime epopeya
Batalla sin fronteras,
Lucha interminable
Fantasía que atormenta.
Y despierto entre
El susurro
De mi almohada sola,
Despierto
Entre mis paredes rojas.
Sin ventana,
Sin nada
Con un beso de recuerdo...
Tan difícil es amar,
Tanto que por intentarlo
Dejo a un lado el hogar.

Mira mis manos vacías,
Mira
Como se pierden las sonrisas,
Mira
Los pocos recuerdos,
Mira
 Toda esta melancolía,
Nostalgia
De mi soledad,
Nostalgia
De mis tonterías,
Sin hogar
Sin saber a dónde caminar,
Dime que hago,
Di que por mi darías la vida,
Dame la ilusión
De todos los días,
Dame felicidad
Impotente siempre,
Y ¿cómo hago para no llorarte?
Tanto odio,
Tanta ira
Tantas personas
Que te niegan dicha
Y yo altruista de tu vida
Un fracaso así soy.

Una estafa,
Ficción,
Una fugaz sensación.
Maniatada,
Sin respuestas,
Sin solución a estas cadenas.
Y te lloro,
Mientras tus labios
Me navegan,
Y te lloro sin que nadie lo sepa.

Málaga . España . 2005.

Tantas hojas escritas, aún más

tantas perdidas, montones de palabras calladas, montones de miradas retraídas, escondidas del resto de la humanidad. Tantas para la que puedo considerar mi primera musa.

Todas salidas de mi cuerpo enamorado, apasionado por tus ojos de mar.

De Mi amor y Tú odio

Quiero silencio para escuchar
Mí pensar,
Quiero noche en día
Y sentir lejanía,
Sentir que mi vida se desprende,
Que nada es para siempre.
Me tiño de
Negro y gris,
Apago mis labios,
Me despido
De los recuerdos,
Sin pasado ni futuro
Simple alma que
Vaga entre
El tumulto,
De esas risas no
Escuchare más,
Y sin temor
Odiare
A quien
Me causa tanto dolor.
De la palabra tonta me perderé;
Imbéciles
Que de ignorancia me ofendéis.
Que dramático este mundo
Que el infierno

No lo ha hecho muy profundo.
Asumo la condición de ser humano,
Esa que me prohíbe
Amar cuando no es grato,
Asumo la ironía del perdón
Cuando dios castiga sin rencor.
Y me uno a la vida asustada,
Negada de mí.
Pero cómo puede el ser
Andar sin corazón
Yo sin querer no soy yo.
Ahora es cuando me juzgan,
Ahora es cuando la palabra
Tonta me ronda,
Y las risas explotan,
Yo solo quiero silencio
Para pensar,
Un segundo sin recordar,
Quizás sin alma que me duela,
Quizás sin sangre en las venas.
La vaga idea del eterno amor,
La vaga esperanza
Del perdón sin rencor.
Odia la mañana de sol,
El día ruidoso,
La calle en su esplendor,

Y todos nos miran,
Y todos opinan.
Algo tan simple
Como el amor.
Algo que se escapa
A la comprensión.
A salvo de las miradas,
Me resguardo en mi almohada,
Y centenares de lágrimas
Bañan mi sabana,
Si por amar soy feliz,
¿Porque ya no sé como sonreír?,
Sí por ser yo soy mejor,
¿Por qué habláis de mí?
Yo quise la noche como vida,
El alba solo basta
Para despedirla,
Y entre un mundo y otro
No queda nada de mi vida.
Agoto mis recursos,
Y ya no lucho porque me quieran,
Ya no peleo porque me crean,
Simplemente existo,
Respiro de este aire sofocante,
Dejo de soñar
Con una vida perfecta.

Quiero soledad rotunda,
Quiero oscuridad inmensa,
Tormentas
Que impidan que llegues hasta mí,
El mar que te distancie de mí
existir.
Y cuando la noche llegue a tu cama,
Susurrare que te amaba,
Que te amaba tanto
Que por este mundo
Y su hipocresía,
Yo soy tu melancolía.

Málaga. España. 2007.

Sí bastara con amar yo viviría eternamente, Sí bastara con quererrnos mi amor sería perfecto.
Aunque lo perfecto se encuentra muchas veces en mitad del llanto sufrido.
Y mientras más veo desastres y dolor, más aprecio del mundo La belleza de la pasión.

Pregón para Liberar el Alma

Perderme en un desierto,
En mis recuerdos
En la madrugada
De un día perfecto,
Y despertarme en la
Lejanía del océano,
En la profundo
De una montaña,
Observar a los
Árboles danzar,
Sentir la brisa susurrar
Y respirar de mi vida
Soñar hasta que se haga realidad,
Y despertar de esta realidad.
¿Qué ves de mis ojos?,
¿De qué te hablan mis labios?
A caso en mi ves otra,
Quizás es que en días como
Hoy
Dejo de ser yo.
Mírame profundo en mi corazón,
En donde sigo siendo yo,
Donde mis amores no
te lastiman. Mira aquí entre

estas líneas,
Llenas de sinceridad,
No me sueñes como ayer,
No me veas como un fue,
Ve lo que hay en mí,
Lo que esta mas allá
De cualquier sentir.
No he dejado de ser yo,
Mis manos siguen escribiendo
Oscuras líneas,
Y mi sonrisa se
Pierde entre
La desdicha.
Huyo de las personas,
Me refugio en soledad.
Perderme
Hasta que me encuentres.
Perderme
Para que tú
Me regreses.
¿Qué ves de mis ojos?,

¿Qué hay en mis labios?,
Las respuestas
Son mi condena.
Soy yo.

Siempre lo he sido
Y por más que busques,
Entre excusas, entre
Recuerdos
En las sombras de mis pies,
Soy yo
La misma de siempre.
Mira mis ojos, mi piel,
No se transforman,
No cambian,
Y debajo de ellos estoy yo.
Simplemente yo.

Málaga. España.   2006.

Hay palabras que duelen no por ser ellas; sino por quien las revela. Hay días que volvería al pasado y sería desde el principio quien he querido ser, y ojala fuese tan fácil como escribir, tan fácil como decir quiero ser yo.

El Infierno, las Musas y el Pecado.

El Infierno.

Aquí Estoy
sentada mirando,
En la calle el ruido
Aturde, retumba, agotando
Mis fuerzas, perturbando
Mis retorcidos pensamientos.

Y viajo en un instante,
Al sonido de ayer,
Aquel que hoy
Me trae el
Sabor amargo
De la pasión.

Y me pervierte
La sangre,
Corrompe
Mis ojos.

Aquí hoy,
Desde el recodo de
Una pequeña habitación,
A oscuras con la luna.

Quiere mi sabio
Corazón loco,
Embriagar sus dudas,
Olvidar todo.

Quiere mi sabio
Corazón amargo,
Impregnarse del
Humo espeso,
Y volver a aquellos
Brazos,
Que ayer dijeron
Te quiero.

Pero,
Loco, amargo
Corazón mio,
Que deseas dos caminos.

Egoísta mirada
De mis ojos,
Que lloras
Por no tener
El corazón roto.

Y hoy aquí,
Con la tranquilidad,
Del bullicio,
Intento escuchar;
Ya sin lógica,
Ni esperanzas.
Simplemente lo que desee mi alma.

Hoy aquí alma mía,
Siempre escrita,
Hoy después de tu visita,
Quiero que mis labios

No te deseen,
Quiero que seas
De mi mirada sin pasión.

¡No puedo!...
Rompo en un grito,
¡Debo!...

Exhalo en un suspiro.

Las Musas

Musa del pecado,
Que me
Encaminas a la perdición,
Me condenas al infierno,
Asfixiante que enmudece.

Musa del pecado,
Que me seduce tu pasión,
Que desborda mis sentidos,
Que envenena mi piel.

Intoxicánte con tu palabra,
Que desgarras en lo profundo,
Que me alejas de este mundo.

Causa de mis peleas solitarias,
Causa mía, de mis tantas nuevas
Páginas,
Causa perdida, que no puedo
evitar.
Las causas todas,
Todas tu,
Musa del pecado.

Apasionas mi estado.
Aquel que pintaba
En lienzo "preto",*
Y ahora que todo
Se vuelve ajeno.

Ahora cuando tu ojos,
Desvelan mis noches...

Del portugués Negro.

El Pecado

Ahora sé que soy yo,
La del pecado,
Soy yo
La que ha faltado.
Malévola y sin razón.
Malévola de vocación.
Vida que mi alma se ha ido,
Entre lágrimas y antiguos
Caprichos;
De mis sabanas sólo
Un temor absurdo,
De mis labios tu tentación
Es mi mundo.
Y quiero ser el pecado
Que te atormenta,
Quiero
Ser la madrugada
Que te asecha.
Vengo del silencio
Con palabra inquieta
Vengo desde lejos
Con pie de incrédula,
Ignorante de mi mundo,
Más quisiera descubrir

El tuyo.
Y sí bien un día
Fui suicida,
Y sí bien un día
En otros pechos
Deje mi cordura,
Deja que hoy
Encuentre en una caricia
La razón del por qué hoy
Escribo
Estas lineas.

La Línea de la Concepción . España
2008 2010

Me pensé un día de soledad intranquila que el amor siempre sera sufrido. Y quizás sea que del amor espero tanto que busco entre mis musas, palabras apasionadas, sentidas, añoradas.
Me pensé un día que era el pecado de otros, y fui tentación halla donde las hubo.
Me pensé un día que era infierno, que purgaba las penas de otros con mis besos.
Y pensé que las musas vendrían, solas, en la oscuridad de mis noches.
Y mis musas eran como yo.
Pecado e infierno;
Que al final deshilacharon mis ropas, desnudando quien nunca pensé fui ser.

Ortigas Marchitas

Cardos pardos dame,
De tus tristes
Labios una palabra de silencio;
De tus manos una caricia
reprimida,
De tus tantas líneas
Una historia perdida.
Calma del preludio
Precedes entre los tumultos,
Montones de augurios,
Montones de presagios,
Buenos o malos.
Los ves venir,
Rondan tus sueños,
Te despiertan del lecho
Alteran tu tranquilidad.
Desdicha que brota,
Desdicha que entre lágrimas
Impotentes afloran.
Ira del huracán,
Fuerza de la tempestad,

Báñame con tu gloria,
Ilumíname con tus destellos.
Danza,
Que la música está entre las olas,
Rompe mi silencio,
Grita en la distancia,
Retumba la inmensidad.
Magnifica, perfecta.
Te veo desde la orilla;
Como te mueves.
Formas aparecen entre tus nubes,
Formas estrepitosas,
Aterradoras,
Gigantes.
Deleitas mis ojos con tus
batallas.
Lágrimas que me mojan,
Tus lágrimas
Que se confunden con las mías.
Ya no te pido más.
Y déjame sin adiós,
Déjame vencida en mi esperanza,
Déjame sin palabras.
Vida que en ti he vivido,
Borra mi pasado
No me quites el presente.

Desdicha que te hago sufrir,
Ojos de cielo
No calles los te quiero,
Tu mi perpetuo sentir,
A ti que tanto te he de escribir,
Desconsolada,
Incrédula,
Te dejas llevar,
Te alejas de mis labios,
Te despides de mí amar.
Y yo maldiciendo la humanidad,
Lucha desesperada
Lucha por borrar tantas
Lágrimas encontradas;
Pero ya no te ruego
Ahora mis cantos se apagan,
Ahora mis manos dejan que te marches,
Aunque me cueste la vida.
Me sacaría los ojos para no llorarte más,
Porque el alma te la llevas con tu adiós,
Me robas el aire,
Mientras yo cual romeo
Enloquezco.

Que cobarde he sido lo admito,
Sólo yo sé que tan grande es tu dolor,
Sólo yo sé que se muere nuestro amor,
Entre burlas e ironías,
Tu mi fantasía mas divina se retira.
Todo te doy,
Corazón, ojos y mi respirar
Aun así te alejan,
Aún así por mí tus lágrimas
Inundan el mar.
Y se alzan las olas,
Comienza la tempestad.
Yo la cobarde renuncia a luchar,
Renuncia a su soñar.
Simplemente déjame sin adiós,
Sin tiempo a reflexionar,
Sin que un suspiro te haga cambiar.
Déjame sin sensatez
Y elimina mi felicidad.
¿Alma en donde estas?
Ayer te busque ya no quieres regresar,

Alma que me faltas
Cuando mi musa no está.
Clandestina,
Discreta,
Son las miradas de mi amada;
Reprime todo instinto,
Calla, calla
Que el mundo está en alerta
No te muevas;
Calla, calla
Que vienen a robarte la sonrisa.
Impaciento
De saber que te hacen marchar.
Y ya no dirás más...
Ya no lucharas,
Sin suspirar me dejas,
Sin pensar tú ya no estarás,
Y yo la vida veo
Marchar con tu andar.
Sin ti ya no se continuar.
Alma que me fallas,
La vida
Que tú no estás,
Mi vida que contigo se va.
Espinas que en mis venas
Penetran

El delirio de una noche,
Ilusión de un segundo,
Susurro de aire esquivo,
Regálame un destino.
Cardos pardos
Agrios de pensamiento,
Humanidad que me humillas
Paciencia que huyes,
No te pierdas de mi mente,
Penitente permaneces.
Suspiro inconfundible
A la mañana desconsolada.
Lágrimas de mi papel roto.
Fragancia suave, tersa
Aroma a fresa embriagadora,
Antesala a mi locura,
Tu perdición de mi pensamiento,
Tu mi pecado predilecto,
Todas mis líneas,
Toda mi existencia
A ti la consagro,
Relega los cardos pardos,
Que marchitan tu felicidad,
Brisa ignorada que danzas
En la soledad,
Desvanece cualquier recuerdo

Que de mi tenga la humanidad,
Ámame sin censura,
En natura, y deserta de tu cuerpo,
Libera el pensamiento
Confiérele a mi transitar
Sin que tengas que extrañar.
Abandona la moral,
No te niegues más
Y no me dejes en la locura
De mi soledad,
No te marches por un temor.
Maldita humanidad
Que por amarme te hacen llorar,
Ojos de cielo,
Sincero y claro
No mientas
Sé bien que te alejas,
Sé que de tus labios
Se acaban las proezas.
Déjame sin adiós,
Sin rencor, ni temor.
Déjame entre ortigas
Que cieguen mi vida,
Que tallen en mi piel
El fin de este ser,
El fin de un querer.

Constantemente piensas en los pasos que vas
dando
y dejas de lado los pasos que tienes que dar.
He llorado mil y una noches por amores
imposibles,
He luchado contra mi propio ser para no
querer a una mujer;
Aunque al final de toda esta historia he
caído en el delirio
De amar tus curvas femeninas, de amar tu
vida como
Mía.
Intentando continuamente hacer perfecto,
lo que por naturaleza bella es imperfecta.
Quiéreme tal y como soy.

Málaga . España 2007.

Un día de Tantos

Sin querer te he querido,
Casi sin pensar por
Ti he soñado,
Y de
Mi voluntad mía poco
Tiene ya mi propio
Ser, que de
Este cuerpo
Efímero,
Todo
Cuanto padece es por
Ti.
Tu
Siempre
Tu,
Que das vida

La mía,
Que con
Tu latir
Mi corazón renace.
Tu
Labios de tentación,
Capricho
De este cuerpo,
Que en lujuria
Transforma tu amor.
Y pienso,
En el pasado
Ya olvidado,
Perdido de mi presente,
Pienso en las lágrimas
Anteriores a este nuevo ser.
Y todo cuanto sangraba en mi,
Aquellas heridas
Que sangraban
Ya no existen.
Solo mis ojos
Entregados a ti,
Y mi alma incondicional
Que te ama
Cada día más.
Vuelvo a Enamorarme, Pierdo la

cabeza y mis
labios no pueden negarte...
> *Inconcluso.*
La línea de la Concepción España
2009.

Ufano

Elemento ufano, no por malo;
Sino por humano.
Quizás de la carencia,
Y quizás al sentir la ausencia,
Esa que hace que me canse de
hablarle al
espejo,
Esa que hace que
Sienta que a nadie quiero.
Y él no pertenecer a algo, causa
dolor de
ratos.
Por mentir y ocultar
Me igualo a la zupia, que deseas
tirar,

Me entristece el llanto de mi corazón,
El desespero por un amor.
Quizás exagero
Al soñar con un hablista de la rosa,
Que regale un abrazo a la luna,
Que me dé un ápice de su sonrisa.
Y es que en este eterno apócrifo
En el que vivo,
Las paredes de mi cuchitril se van por el
olvido,
La espera se convierte en castigo.
Elemento ufano, no por malo;
Sino por humano.
Que odia amar
De saber que deberá olvidar.

Valencia, Venezuela 1998.

Existe en mi esa dualidad que se debate entre lo bueno y lo malo, en ocasiones el pecado es más gratificante que la bondad del ser humano. No puedo ser todos los días alma caritativa, ni sonreír, en momentos disfruto siendo menos buena. Quizás eso me mantenga siempre con los pies en la tierra. No todos las pasiones, son proclamadas a las mujeres que me pierden, o para los amores dolorosos de mi vida. A veces me apasiono por las verdades crueles de este mundo, sus batallas injustas, las calles oscuras y sus personas. Esos sentimientos extraños que nos mueven. El ego, la ira, el amor a la patria o la religión. Pasiones y más pasiones infinitas, desmedidas; que nos llevan al limite de la cordura y llegan a traspasar la moral. Todos, muchos de estas sensaciones las veo desde la prudente distancia donde casi no pueden tocarme. Donde la miseria sólo se queda en un concepto vil.

Grito de Guerra

Lúgubre, maligna,
Oscura te deslizas,
Entre mis manos,
Seduces, hipnotizas,
Tergiversas
Mi pensamiento,
Mis sentimientos,
Entre sombras de sombras,
Venganza asomas,
Ira de huracán,
Fuerza de la tempestad;
Invoca a la noche,

Ilumina lo negro
Con el resplandor de tu celos,
Mátame suave,
Mátame dulce,
Mata mi inocencia,
Con el poder de tu belleza.
Maligna, porque te nombran,
Aterras con una seña.
Del camino cien caballos negros,
Del camino el polvo sega tus destellos,
Venganza que asomas,
Ira de huracán,
Fuerza de la tempestad,
Sangre,
Sangre que derramaras,
Traición de la justicia,
Rencor de la humanidad,
Alma que me faltas,
Alma para respirar,
Que de este mundo y sus batallas
Falta mucho por narrar.
Y lágrimas de piel,
De mi piel que se va,
De mi piel que sufre,
Las batallas

De la humanidad.
Revoluciones,
Conquistas,
Excusas para pelear.
Alma que me faltas,
¿Donde estarás?,
¿Acaso te has perdido?,
¿O es que ya no regresaras?
Ira del rojo fuego
Entra en mis venas,
Contagia mi pureza.
Infectas mi paz.
Tormenta del volcán,
Batallas del mar rojo,
Guerreros de hiel intensa;
Marchiten mis caminos,
Torturen mi destino,
Laceren lo que he querido.
Tempestad del mar,
Viento del sur;
Esparce tu soledad,
Parsimonia,
Tranquilidad,
Humanidad que me maltratas.
Te castigo,
Con la desolación.

Cien caballos negros del camino
veo,
Cien guerreros perdidos,
Sin batallas,
Sin sentido.
Polvo del camino
Traen mis manos,
Polvo de la destrucción,
Polvo de un pasado,
De miles de vidas,
De recuerdos;
Tristes,
Calcinados,
Recuerdos humanos,
Recuerdos que aún extraño.
No hay razones suficientes que
justifiquen
a la justicia de los seres
humanos,
No existen causas nobles que
merezcan la
muerte de otro ser.

Málaga. España 2002.

Pretextos de las Lógicas Humanas.

Voy a luchar
Por la paz de los pueblos
hermanos,
Por la verdad del hombre en la
cruz;
Quizás por la verdad del Burka;
Di tu la verdad.
Dime. verdades,

Crueles, despiadadas
Reales.
Di todo eso que ves
Que yo no digo.
Y despierta mis sentidos,
has que mis lágrimas valgan.
Dime verdades,
Frías como hierros,
Que marquen senderos
En mi piel.
Y ahora dejame
Sola con todas las verdades,
Ahogada de mi reflejo,
Desprendiéndome de mis miedos.
Huyendo de todas estas batallas,
Que ya no tienen sentido,
De estos niños que ya no
Creen en el destino.

Málaga. España 2008.

Maltrechas Miradas

Todo se pervierte
Entre mal oliente
Ignorancia
Y las palabras pierden
El sentido,
Abandonadas del
Moralismo
Olvidadas,
Otras trasmutadas,

Evolucionadas
En despojos
De la sociedad
Sin respeto
Por la existencia.
Todo cuanto
Estas y aquellas
Manos han de tocar
Todo muere,
Todo entristece
Sólo queda el
Plástico frío,
El hierro
Candente
Y el oro
Maltrecho
Para obtener
Caricias,
Fingidas,
Carentes de
Vida.
Todo
Lo que hacen nuestras manos
Se deteriora,
Esos altos ladrillos
Que brindan cobijo

Oscurecen el cielo
De inocentes criaturas,
Y como bestias salvajes
Por instinto vamos
Olfateando presas
Débiles
Que pisotear,
En ocasiones
Es el simple
Hecho de
Saborear poder,
En otras es deber
Para sobrevivir de
La marabunta.
Lo que importa es
Depredar, eliminar.
Que vil es
El corazón humano
Y mientras más miro
Como van los malos
A la guerra
Y como
Mueren los buenos
En la pelea,
Mientras es
Escusa cenar por

Beneficencia,
Yo
Hipócrita analfabeta,
Murmullo en silencio,
La maldad del vecino,
La crueldad del amigo.
Y es que
Soy culpa entera
De todo cuanto destruyen
Otros
Soy parte de todos.
Y quise
Un día escapar,
Más sucumbí también
A toda esa peste
Gris moderna,
Sucumbí uniéndome
A la masa
Exaltada,
Con sed de razones,
Luche
Por la paz de los pueblos,
Insulte
A quien no creía ver
Lo que mis ojos
Ya habían devorado.

No obstante
Esas miradas
Que allí en el horizonte próximo
Negaban a mis sabios ojos,
Esas no eran
Más que una
Y mi reflejo
Retorcido era
Extraño para mí,
Y mi sombra en la calle
Era causa de temor.
Ya pérdida
De mis propios ojos,
Me fui al olvido
Con todas esas palabras
Que ya no recuerdo,
Me quede allí
Al lado de la moral,
Ausente al
Dolor animal,
Ausente a la
Maldad humana
Y quizás
En algunas noches
Carentes de estrella
Puedo reencontrarme

Con
Mi vida misma,
Libre
De estas manos
Que condenan.

*La Linea de la Concepción. España
2008.*

Miro y callo.

Veo las calles plagadas
de seres que hurgan
en otros, buscando
vestigios de almas, todas
errantes perdidas; absorbidas
por el metal,
complacientes de las sonrisas
fingidas.

Miro y callo, me consuelo
con pensar en lo
retorcidos sentimientos
que   nos   llegan   a
mover.
Miro   y   callo,
me   someto a   los   instintos
animales   que
hacen   que   pelee
contra   mi propio
 reflejo oxidado
y perdido de mi.

El Ladrón y El Perdón

Maleficio del pecado.
Impío, te condeno
A la soledad del destierro;
Someto tus manos al fuego
Sagrado,
Condeno tu corazón
A la furia de Plutón.
Y es que,
Las palabras,

de hiel se me han hecho,
Por la maldad
de tu sentir me he deshecho.
Maleficio del pecado,
Que todo lo ha dañado,
Porque la existencia del humano
Marco las razones,
Transformando lo social en:
Rencor y paz,
Y para que me sirve la dadivosidad
Si la ironía recibe mi bondad.
Maleficio del pecado,
Que de ladrón te juzgaran,
Por traicionar la verdad.
No te maldigo con el corazón;
Pues
Es que tú conciencia no
 Te tendrá perdón.
Y no importa si fueron solo dos,
Debido a que esa fue tu intención.
El maleficio de tu pecado,
No es el poco logro
Que has alcanzado;
Sino la glorificación
Con la que te han venerado,
La hipocresía que te ha rodeado.

Pobre,
Has maltratado
Mi pensamiento,
Y en ufano,
Convertiste el resentimiento,
Que no mide las palabras,
Que envenena la mirada,
Deseándote un mundo de nada.
Ira que me corre por las venas,
desbordante
malicia de mi mirada serena. Yo que confié
en la bondad de los seres, que por ingenua,
has manchado mi nombre. Hoy juego como todos
esos hombres en la calle, con cartas dobles
y sin pensar en el dolor que corrompe.

Con casi 19 años pensé que podía

*contra el mundo y la hipocresía,
hoy 10 años después dejo que el
mundo piense que puede conmigo.*

Valencia, Venezuela 1999.

Bufón de la Corte

Respeto la seriedad de tu burla
Y trato de aclarar mis dudas,
No tengo de que querer,
Pero Sí,
Dejo que la emoción maneje mis
sentimientos,
No sé cómo reaccionar ante la
fusión que siento.

Respeto la seriedad de tu burla,
El cinismo de tu ignorancia
Y es que la sátira de tu verdad
No comprende él porque yo desde aquí
Busco las razones de ser,
Busco piélagos de legados ajenos.
De tu risas que me dice que no importas,
Sólo escucho un silencio inocente,
Únicamente razones para querer ser yo.

Valencia, Venezuela. 1995

15 años recién cumplidos, todo se vive
intenso cada día es único, cada paso me acerca al precipicio de una nueva etapa. Todos esperan más de lo que puedo dar, preguntándose quien seré mañana y

yo no sé ni quien quiero ser hoy.

Evocar, Excusar y Escapar.

Al toque del harpa,
*Cuatro y maraca,
Mi alma llanera
Se emperifolla
Y de mi bravo pueblo
Que al cielo solicitó,
Esas palabras
Que hoy vuelven a ser

Vagas y lejanas,
Lejanas
Cadenas abiertas.
Triste y magullada
Patria libre,
Triste y aislada
Esta la que fue
Gran nación.
Que por el sol naciente
Desgarró
Temprano al amanecer
Mi añejo corazón.
Y en nostálgica mirada
Recapitulo folios antiguos
Con lágrima blanda,
A punto de romper
En mar
Solloza, penitente
Miro hoy
Los restos de
Quien se quedo.
En libro vetusto deje
Plasmada tu belleza.
Y
Aunque
Mi triste gente,

Abatida gente
Con el alma
en una mano
Te deja ahora,
En busca de paz,
No les culpes
tierra bendita,
No les culpes
Que a ti
Te
Llevan en la sangre,
Que en tus playas
Han vertido su llanto infinito,
Y aunque pasen cien años,
Sus miradas
Seguirán fieles
A tus montañas.
Y hoy
Se marcha mi gente,
Esa gente,
Unos y otros,
Desesperados
Con recuerdos
De una existencia
Atesorados
En sus pequeños bagajes,

Abandonando sus raíces,
Alejándose con dolor inmenso,
De ti.
No les culpes tierra morena,
No les culpes de la huida,
No han podido con tanta sociedad,
Sucumbe ante la injusticia,
Sufren
Al verte parir retoños
Con sed de sangre,
Hijos con hambre de poder,
Sin escrúpulos, sin amor.
Y yo,
Yo
Que no soy
Más que otra parte
De mi gente,
Que soy igual que ellos,
Soy también
Alma fustigada
Por los gobiernos
Y sus doctrinas,
Otra doliente
De esos hijos
Caprichosos
Que envenenan

Tú azul cielo con sangre
Hermana;
Y yo,
Yo que cobarde
Me escondo entre
Estas líneas
Atormentadas
Por tanta impotencia,
Me escondo en distancia
Bajo nombre
De extranjera;
Yo la humilde
Alma poeta,
Hoy te deja.
Y aunque te lleve
En mis venas,
Y aunque
Sufran mis ojos
Al recordar,
No puedo estar en tu suelo
Un día más.
Y es que
Quiero recordar de ti,
Que ayer fuiste
Briosa libertad
Que consolido otros pueblos;

Quiero recordar de ti,
Una cordillera interminable
Rota por el cielo,
Bañada de nubes
Blancas;
Playas que emulaban al paraíso,
Llanos extensos e infinitos
Salvajes extensiones
Palabras exóticas,
Aire embriagador
Sonidos inquietantes
De la esencia de
Tu nutrida fusión,
Quiero recordar,
Tu selva ancestral
Y todo ese colorido,
Todo ese
Que hace que mire
Trozos de ti
En cualquier rincón de este
Inmenso mundo;
Pero con trozos no me basta
Para sanar el dolor de haberte
Dejado,
Con trozos no basta
Para aliviar

El daño que
Te están causando.
Mi pobre tierra,
No nos culpes
Por dejarte,
Sin vida en el harpa,
Sin sangre en tus alpargatas.
No nos culpes,
Ni nos juzgues de cobardes
Desertores,
Somos corazones sufridores,
De tu aire manchado,
De tus hijos envenenados.
Y maniatados
Indefensos,
No pudimos salvar tu estirpe
De las garras del infierno.
Y sólo nos queda,
Añorarte en lejana frontera,
Amarte entre fotos
Y esperar.
Esperar a verte nacer
Nuevamente,
Con tu estirpe altiva,
Y en tu nacimiento retornaremos
A tus raíces.

No me culpes por abandonarte,
No me culpes
Por dejar en ti un trozo
De mí,
Un pedazo de mi aliento,
Ese pedazo vital,
Que siempre me falta
Para poner el punto final.

Cuatro: instrumento de cuerdas típico de Venezuela

La linea de la concepción, España.
2008.

No tengo suficientes palabras para hablar de la belleza de mi patria mía, de mi añorada alma llanera que en distancia te
veo perdida.

Conformismo

Soñé una noche fría
De invierno,
conmigo allí en la lejanía
De algún sitio,
Sentada sola.
Debatiendo
A mi alrededor

Centenares de personas
Todas conocidas
De mi vida,
Todas sin duda
Parte de mi humanidad.
Y hablaban palabras
Desordenadas
Disparatadas,
Sonoras;
Pero por completo
Ajenas a mi pensamiento.
Tantas y tantas
Palabras,
Sentidas,
Dolidas,
Padecidas,
Y yo no lograba
Comprenderlas ,
Inmóvil de todos
Me conforme con escuchar,
Me conforme con ver pasar,
Los días muertos,
Tras los ojos ajenos,
Los Días solitarios,
Tras los labios extraños,
Y quise ser labios míos

Que alguna de aquellas
Tantas palabras fuese mía,
Conocida,
Sentida,
Dolida;
Mas era incapaz de mirar
Por mis propios ojos míos,
Era incapaz de ser quien
Siempre,
He querido.
Y ahora sencillamente
Me
Conformo con ser,
Ajena a todo,
Distante
Al mundo de ellos,
Me
Conformo con verles,
Sonreír con sus caras,
Sonreír por mi vida.
Perfecta vida
Fue es la que
Todos esos
Y estos
Han soñado.
Y hoy es mía.

*La Linea de La concepción. España
2010.*

*Cierro los ojos y dejo de existir, olvido
todo aquello que duele, olvido
todo aquello que da placer y soy
quien otros quieren. Tan igual a
ellos, tan diferente a mi.*

Madrigal

Osada he sido por tratar
 De vivir entre delirios,
Suspicaz, sigilosa, continua
Siempre soñando con palabras,
Palabras que me transportan,
Palabras que me transforman,

Que le dan magia a mi vida,
Que asemejan mis recuerdos
A la fantasía,
Que invaden de color
Lo triste de las rutinas,
Y aquel sitio homogéneo,
De montañas que cantan,
De árboles que danzan,
Se transforma en mi refugio.
Huyo de la soledad,
Huyo de mis temores;
Y no es que anhelo escapar
De mi realidad,
Quiero soñar mi realidad,
Despertar una y otra vez,
Hasta que el sueño sea realidad,
Hasta que deje de ser vida
Y la vida sea un simple
Complemento
De esta realidad.

Valencia, Venezuela 1998.

*Minutos en Soleda*d

Se desvanecen en mis manos,
Los senderos de antaño
Las cuestas que en ocasiones ando,
Todo el tiempo preciado;

Bullicio que encadenas mi soledad.
Atónita sonrisa
Desesperada melancolía,
Lucidez que me ha abandonado,
Cordura que me he negado,
El optimismo que he perdido.
Se desvanece en mis manos
La esperanza de lograr tus brazos,
El sosiego de un cálido beso.
Tiempo estival que no rinde
piedad,
Absurda sonrisa que he perdido,
Entre tus manos y las palabras,
El castigo me lo da tu habla,
Paciente espero;
Pero como quieres que por ti no
sufra,
Si son tus palabras las
  Que me acusan.
Desesperada sufrida,
Sin temores ni salidas.
Corazón que me abandonas,
Y mis ojos que no lloran
Las lágrimas que en una copa
Se ven rotas.
Se desvanecen mis recuerdos,

Mi preciada juventud,
Analizo los segundos,
Reflexiono por cada minuto;
En un recodo de mis oídos,
Sé que todo está dicho.
Ya no quedan palabras fugitivas,
Ya no quedan miradas cómplices,
Solo montones de senderos en soledad,
Solo un espacio sin retroceder,
Un camino para no volver.

Valencia, Venezuela 2001.

Me gusta estar a solas con mis palabra tontas, y encerrarme en pensamientos que no conducen a ningún lugar, ausentarme del ruido externo y luego regreso a todos un poco más sincera que antes.

Elegante Sancho

Siempre silente,
Como un susurro incauto,
Ingenuo ante vuestros soliloquios,

Me he de rendir por un molino
Obsoleto;
Andanzas de mis ojos
Añoranzas de una vida;
De mi vida
Que entre vuestros sueños
Y los míos se vieron perdidos
En cúmulos de fantasías.
Y se bien que soy leyenda,
Una referencia de lealtad,
La imagen de un escudel.
Rechoncho y tosco,
Basto como la maleza,
Crudo por mi pureza,
Que en segundo he de quedar,
Más sin ser menos
Algunas proezas a mi haber tengo.
Soy sancho Panza,
Robusto de pies polvoro,
Con cabalgata limpia sobre
jumento;
Imagen épica de aquellas tierras.
Brisa de tierras Manchegas,
Brisa de recuerdos fugitivos,
Brisa de un pasado irreal,
Sublime imaginación,

Ficción de un instante.
Delirio que acompaño
A mi hidalgo caballero,
Delirio que guarde en secreto.
Yo el escudel fiel y legendario.
Que entre burlas e ironías arme de valor
La utopía de un moribundo;
Que de tanta fantasía deje a un lado toda
una vida.
Símbolo de Cervantes.
Imagen de una tierra.
Tiempo que huyes veloz al paso de mis ojos,
Tiempo que vida me has dado,
Parsimonia de cada día,
Tranquilidad que por un hidalgo
Se ha visto perdida.
Orgullo de mis letras analfabetas,
Orgullo de mis palabras inciertas.
Que se alejan a la vida
Que se acercan al poema,
A la obra escrita
Que al mundo
Ha dado

La vuelta.
Eterno amigo,
Sincero y sin olvido.
Soy sancho panza
Soy quien al quijote
Siempre
Acompaña.

Málaga. España. 2003.

*Pobre loco caballero aquel que
quiso pelear contra Gigantes de
viento, y aún más loco y desdicho
su compañero que con lealtad cruzo*

*los campos.
Pobre loco caballero aquel que amo
a la belleza tosca, y fue
guerrero implacable en su mundo.
No todo es el amor, apasionado por
otro ser, también es lealtad
desmesurada, la locura del
sentimiento, y de mis tantos
libros leídos algo tengo plasmado
en la retina, aunque no a todos
les puedo dedicar unas líneas hoy
al Quijote y le dedico estas
líneas mías.*

*Soliloquios en la
obscuridad:*

Palabras por Silencio

Canto ligero que del alma mía
sale,

Casi tangible esa palabra de
melancolía,
Mutilado corazón
Que agonizas en el silencio,
Lucho para no morir,
Lucho para que des lágrimas
No puedas sufrir.
Recorro el sendero
Calles alargada,
Caras sin esperanza,
Entre la rutina de esta vida,
Al margen de la dicha,
Cuanto no guardan aquellas
Personas que nos rodean,
Cuantos secretos tienen,
Cuantas condenas,
Horas insaciables de mí ser,
Marcadas por el entender,
Palabra suave,
Que de mis labios nace,
Palabra sabia,
Que no tiene pies ni cabeza.
Quizás es un coro,
Quizás es un llanto,
Como se define el odio y el amor.

Un día de lluvia caminando por las calles de Valencia (Venezuela) 1999.

Arena en los Pies

Ya me canse de esperar a tus besos,
De que mis sabanas tengan tanta nostalgia
De la tristeza que no se borra de esta mirada,
Me canse de esperar a que cambiaras,
De no formar parte de tu vida
Y de ser solo alguien que te gustaría.
Odio ese recuerdo de felicidad,
Odio esa mentira que ha sido mi soledad.
Ya no pienso llorar más;
Renuncié a mis ojos,
A mi alma y al perdón,
Renuncie a todo cuanto
Podía suponer tu amor.
Libre de culpas me arriesgo
A la tentación,
Y pecaré en otros labios,
Escaparé de mi soledad
Entre la multitud.
Me uniré a ese ruido

Incesante de la calle,
Formare parte de un todo,
Y tu recuerdo no me dolerá,
Sin tu voz para recordar
Que en el pasado
Por ti mis labios fueron
De sabor amargo.
Ya no quiero tus ojos de mar,
Quiero arena
Caliente para andar,
Arena que se deslice entre mis dedos,
Que borre todo lo que siento,
Arena para no recordar.

Málaga España. 2005.

Caprichos y reproches tuyos, mios, nuestros. Palabras amontonadas que un día tenían sentido.

Hablando contigo

Trato de cambiar el mundo,
Tu mundo;
Con un sueño.
Y odio odiar
De saber que por lo humano
Debo perdonar,
Y extraño extrañar,
De saber que por ser, debo
olvidar.
Desenfundo mi espada,
Al sueño la alzo,
Con ilusión la defiendo;
Pero la gloria de la lucha se
perdió
De no tener respaldo
Y se amargó
Cual café sin azúcar.
Trato con mil palabras,
Cambiar la mirada,
Y me di esperanzas
Vagas.
Y si después de un sentimiento,
Grito en silencio

Al ver que las tibias gotas
Por delicadas que fuesen
Mi razón encarece.
Y me quedo allí,
Congelando mí sangre
Y olvidando mi ¿por qué?,
Para no tener
Que mentirme otra vez.

1998. Valencia, Venezuela.

Quise hablar de amor contigo y se callaron mis labios, enmudecí con tu mirada. Hoy tus ojos son serenidad, tranquilidad, amor fraternal.
Hoy eres hermano, amigo, lealtad.

Autorretrato

Soy un quien
Que se desvive por el querer,
Que canta la palabra suave
 Con tenue tristeza,
Y rió a la mañana fría
Con toque
Mezquino lleno de firmeza.
Sueño al infinito,
Mientras camino
Por el destino,
Sin pensar hago centenares
De cosas mal,
Sin pensar
Doy lo mejor que pueda dar.
Soy un quien,
Igual a otros
Que me miran cuando hablo.
Y si por iluso fantaseo un rato,
No tengo razón de explicar;

Soy de corazón humano.

Te recuerdo lo malo,
Y lo bueno me lo guardo,
Que en silencio te digo
Gracias por tenderme la mano.
Soy un quien,
Que vive por un ayer,
Soy el ser
Que de la canción desesperada
Canto a cantaros sus lágrimas.
Soy el ser
Que infeliz se creyó,
Por no sentir amor;
Pero que equivocado fue, ese fue,
Porque este quien
De amor no se muere,
Porque tiene quien le quiere,
Y de este quien,
Que ves en las calles,
No tienes mucho
Que hablar;
Porque soy quien

Siempre
Sueña un rato
Con ser escuchado,
Y no por mudo lo digo,
Sino por amante
Del idilio.

Valencia, Venezuela. 1995.

Poco a poco voy cambiando, hay días que ya no soy la misma.

Ensayos:

Sin titulo:

Caminante de lejanía Traigo
Polvo del camino,
Arrastrado entre mis pies,
Sin huellas que lo destinen,
Y bastará
Con una palabra para consolar,
Bastará
Con una foto para no olvidar,
Quién soy y quien he sido,
Lo que seré es parte del destino.
Del Destino que con esfuerzo
Tú me das,
Caminante en la distancia,
De tus raíces nace la esperanza,
De las sienes blancas
El buen consejo,
Y de mis cartas
El eterno agradecimiento.

Valencia, Venezuela 1999.

Nocturnal

Elegante, discreta,
Te deslizas, nos enredas
Y con tu manto nos hechizas,
De artificios nos lisonjas.
Nocturna en espera del hado,
Confundes la linfa con vino,
Transformas la rosa en pasión
Nos sumerges en sueños:
De Musas y Adonis;
Llevándonos a la sensación
de ser sol.
Merdosos nos abstenemos
Y un abrazo consuno
Bastara para viajar,
Visitaremos a Júpiter
Sin importarnos la estiva.
Pensando en nuestro
 Ayuntamiento.
Y tú, elegante, discreta;
Que te deslizas tras el ocaso,
Que mueres del crepúsculo,
Quizás de inocencia o ausencia.

Nos llevas por estrellas,
Nos vuelas con natura,
Y la sensación de la tentación,
Te condena al tártaro,
Te asemeja a Plutón
Solo misteriosa del romance,
Solo nocturna dolosa.
Tú de estirpe no casta,
Pero de albo inigualable
Lidias con la estrella mayor,
Buscando ser mejor,
Pero aun así eres:
Acervos de ósculos a la Galatea.

Nocturnal II

Envidia de los astros que te crearon,
Y con frialdad te maquillaron.
Tú,
Sumisa, tranquila;
Inspiras a las musas,
Seduces a Citerea
Bañándola de Eros,
Embriagándole la razón
Con una canción.
Umbrosa y mágica,
Callada; hija de Jove,
Hermana del sol,
Que en coplas de loores te plasman
Y en cuentos de siniestras
Cornejas te denigran;
Pero tú,
Pequeña ante el infinito,
Magnánima ante el orbe.
Te vanaglorias de candidez,
Y te inmortalizas por la perpetuidad.

Valencia, Venezuela 1994.

En honor a las Memorias

Eterno anacrónico;
Admirador del idilio.
Impío el hombre es;
Perceptible a la mundología,
Te sientes.
La cofradía literal te cobija.
Cantonero de pluma verde
Que mueres del prúsico moral,
De la restricción social.
Tabú a tus palabras presentan.
Erróneo te crees por sentirte
silfo,
Y endulzas la vida con tu yaraví,
Aburriéndote de la plutocracia,
Le huyes veloz,
Por aquellos viejos abajaderos,
Tratando de no abandonar
Y con alípede para ser fugaz.
Y aunque efímeras son tus

palabras,
De égida égloga vida
Tienen.
Altruista por la virgulilla
Que desde tu atalaya,
Tu estilo
Se funda,
Al trasver
De las palabras simples.
Guerrero de los sueños,
De la magia,
Conviertes
La estrofa en sentimiento
Y una frase
Tuya es aliento,
Para seguir otros momentos.
Tu soñador sistemático;
Te resguardas con alquimia,
Para triunfar
Con la espiritualidad
Y convertir tus recuerdos
En memorias,
Simples silogismos en la soledad.

Valencia, Venezuela 1994.

Margarita

Hay personas que llegan a ser importantes en tu vida, aún cuando no tienes la dicha de compartir instante alguno con ella, por eso os dejo el ensayo para esa persona especial que no pude conocer.
Con especial cariño a mi Abuela Margarita.

Margarita

Alma dame en un retrato,
Alma que de soñar
Se me hace la esperanza larga,
Y en la eternidad de un fugaz
retrato
Te tengo
En mi mirada,
Allí presente en ese instante,
Allí perenne en tu regazo,
Vida que te falla,
Vida que se acaba,
Entre tu historia y la mía,
El recuerdo de mi infancia
La dicha,
Pensamiento que no se acaba
El ser que te anhelaba,
Ya ha crecido,
Mira mis ramas como se forjan,
Mira mis manos como se tornan,
Entre tu mundo y el mío,
Con un dolor profundo,

La extrañeza de ese algo
Que nunca acabo,
Suspiros que te aguardan.
En el cielo estrecho,
En el cielo a lo lejos,
Estás viviendo,
Y como hago
Para surcar hasta ti,
Como navego
Para que me puedas abrazar,
Solo el recuerdo,
Solo el retrato,
Vida que te han robado,
Vida que gloria me has dado,
Una madre precoz,
Y un ángel de Dios,
Alma en un retrato,
Alma para volar a tu regazo,
Madre que entre tu cielo y el mío
La distancia es el infinito,
Regálame un día de fantasía,
Regálame una noche divina,
Llévame a ese recuerdo,
Al instante de felicidad.
Y disfruta de mi vida,
Disfruta de la dicha de tu hija.

Málaga. España 2007.

La Muerte del Poeta

Ya sin aliento estoy
Tendido aquí,
En este lecho, mi alma
Yace sin temor.
No, porque mi cuerpo
 Sin vida
Se despida;
Sino, porque mi pensamiento
Se agoto.
Y de pensar,
De hablar,
De mirar y de extrañar
Esta alma se canso.
No voy a morir,
Este no es mi fin.
Porque de este ser
Y su existencia,
Quedaran sus pocas proezas

Y aunque, quizás no alcance
Todas mis metas,
Ni logre ser un gran poeta;
De mis líneas alguien
Se recordara,
Pues,
De ellas tuve que hablar.
Ya sin aliento estoy,
Tendido aquí,
Mi alma yace sin temor.
No es porque el cansancio
Agoto mis esfuerzos,
Esos que lucharon
Contra el silencio,
Esos que lograron
Un "te quiero".
Y yo se que aquí tendido
En mi lecho,
Más de uno me tendrá
En sus recuerdos;
Ya sea para bien o para mal,
De un millar de personas,
Alguien me tuvo que amar
Y con estas líneas,
Que escasean de alegría,
No les quiero dejar un recuerdo

De melancolía.
Pues,
Es que de mis tristezas
Puedo escribir,
Y la soledad se las puedo decir;
Pero fue tanta la alegría mía,
Que las palabras
No alcanzaron
Para describirla.
Y es por eso que me despido,
Porque, ya aquí todo está dicho.

Valencia, Venezuela 1995.

Hojas Mudas

Luego de tantas hojas escritas,
De centenares de palabras apiladas
No hay nadie que las lea,
No hay nadie que juzgue
Y me invade la impotencia
De quien con sacrificio
Ha plasmada en letra curtida
Todo lo que lleva visto en una vida,
Y todo ese esfuerzo para no ser atendido.
Tantas emociones
Para seguir en silencio,
Como si de mi mente nunca
Hubiesen visto la luz,
Como si siempre hubiesen estado inertes
Aisladas de todo lo que pueda ser

tangible.

Málaga España. 2009

Se agotaron las palabras ahora sólo quedan los agradecimientos.

No creo en Dios, el hombre de la cruz que vino al mundo a salvarnos del pecado,

No creo en la suerte del hombre por bueno o malo,

No creo en el cielo del buen samaritano y el infierno cruel del pecador.

Creo en la bondad del ser humano,

Creo en la maldad del vecino,

Creo en los temores que conducen a las personas a luchar por vestigios de lo que fue el pasado,

Creo que de este mundo cada cual vive su particular paraíso y en ocasiones su más desolado purgatorio.

Creo en el arrepentimiento del infame, que sin medir fulmina la vida de tantos; Pero soy incapaz de creer en mi perdón para con él.

Creo en la humildad como fuerza mediadora del intelecto agredido.

Creo en el respeto sin condiciones.

*No creo en la salvación de mi alma
perdida; Pero si en el amor eterno.*

Y creo en lo que mis ojos ven y mis labios dicen, aunque lo diga con desgarrador sentimiento, solo digo lo que creo.

Algo sobre mí: Nací en 1980 en el Edo. Falcón Venezuela, pero viví la mayor parte de mi vida en Valencia Edo. Carabobo Venezuela, a los casi 22 años cruce el "charco" en busca de una nueva vida en el viejo mundo. Tengo que admitir que la encontré y he vivido durante los últimos años en Málaga. Soy venezolana de sangre, con alma errante y malagueña por pasión. Málaga me ha brindado la oportunidad de ser yo mismo, liberándome de mis propios prejuicios, que anteriormente me limitaban. Y poco a poco he encontrado mi sitio en esta nueva vida. No me considero poetisa, ni siquiera llego a ser una persona con talento, simplemente soy alguien que disfruta de cada instante, que vive al plasmar en papel lo que quizás fue un ayer.

Cuantas personas que he conocido, cuantas batallas he sufrido; tantas como cualquier otro ser.

Mi logro más grande es haber vencido el temor a ser yo, a que otros vean en mi las lágrimas crudas que en ocasiones se desgarran de mis ojos hasta inundar mis labios, humedeciéndolos para que no hablen y aún así al final hablo y digo la palabra versada de la calle cruda, fría como la realidad y doliente como la pasión en su máximo esplendor.

He sido una viajera de distancias largas, en todo el sentido metí en una

maleta mi vida y emprendí vuelo. Tuve las agallas de cambiar y no sólo me enfrente al mundo nuevo también he reconocido la persona que había en mi y llegada a este punto entre en paz con mi entorno hoy puedo decir que soy feliz, aunque también es cierto que la vida no es precisamente como en los cuentos de Hadas y me quedan muchas metas que cumplir, muchas tristezas que sufrir y tantas cosas más. Y llegados a este punto es el momento de hablar de mis amores y tormentos que me han impulsado de maneras diversas por lo que tengo que dejar un apartado único.

Han sido pocos mis amores, contados y cada vez que surge uno nuevo descubro un universo al completo diferente. Tengo que confesar que pierdo la cabeza por la pasión de la mujer amada. Un día escribí para alguien, para la mujer que cegó mis mañanas y no es que me haya arrepentido, tan sólo es que la vida cambia, y bueno o malo, mi pasado. No por ello se convierte en recuerdo olvidado, ni mucho menos en odiado. Seguirá siendo amor pero en otro estado. Y esas líneas seguirán valiendo lo mismo aunque no busquen el mismo sentir.

Siempre, mis musas errantes que me
llevan por extraños caminos, en ocasione me devuelven a la tierra con golpe estrepitoso; por ellas escribo, algunas anónimas de mi vida, otras parte de mi día a día. Al hecho de que alguien llegue a leer mis líneas absurdas en ocasiones, auto reflexivas y por instantes hechas de
fantasías, aún no acredito que puedo hacer público el esfuerzo de tantos años, y que alguien pueda leer y descubrir mi alma plena, frágil, doliente. No espero reconocimiento de ellas, ni fama, ni fortuna, únicamente que alguien descubra en una de tantas líneas

una lágrima cruda, una sonrisa sincera.

Aún hoy no sé si seré legado de alguien del pasado o sí todo cuanto esta aquí, plasmado con tinta de mis venas es hoy la ultima pagina que un completo desconocido, llegara a leer de esta entusiasta de las letras.

Gracias.

Addis Gq..

Dedicado especialmente:

A mi familia (Mamá, Pato, Orlando, Yaji, John, a mi buen amigo Emerson) que a lo largo de muchos años han estado a mi lado apoyándome y dándome valor y fuerza para ser hoy quien soy. A mi madre siempre apasionada de la vida y sufrida por sus hijas le agradezco la confianza en mis palabras, a mi hermana constante e impulsiva le debo la fuerza de mis palabras.

Al resto de amistades, personas cercanas y otros que en algún momento se han cruzado en mi camino también os agradezco todo cuanto han hecho.

A mis amores y pasiones, también tengo que agradecer que de lo bueno y lo malo, por un instante y quizás para siempre me habéis permitido ser parte de vuestras vidas y sin casi pensarlo sois parte de todo cuanto llevo escrito, sois esa fuerza que me lleva a escribir de dolor que antes fue amor y de alegrías de lo que antes era llanto roto. Con especial cariño a la Chica de los Ojos de Mar que desvelaba mis noches entre tormentos y risas. Que inspiro muchos de estos y otros tantos ensayos. Que me regalo la pasión y la locura de estas palabras.

Y es que hay plasmado gran parte de mi corazón, de mis más importantes pasiones aquí.

Aunque en una hojeada al vuelo parece que todo ha sido lucha en vano, he de decir que he tenido el privilegio de amar y ser correspondida y que a la fecha de hoy mis ojos se desviven por la "Divina" musa que futuras líneas ya tiene escrita. Y a ella que en tan poco tiempo me ha transportado a una vida entera y plena la dejo para el final y no por ser la última en estar; sino porque este ultimo agradecimiento es para la mujer que de un susurro lejano del mundo y sus

tumultos me aparta reservándome en tierra firma segura de cualquier marea.
 Para ti, y para todos.

 Y sin nada más que añadir espero que os haya gustado.

Addis Gq.

www.ingramcontent.com/pod-product-compliance
Lightning Source LLC
Chambersburg PA
CBHW070700100426
42735CB00039B/2383